Teatime

25 ideas
for
a happy home

ティータイム

あたたかい家庭
幸せのアイデア
25

大川隆法
Ryuho Okawa

まえがき

家庭生活は、人生修行の半分と考えてよいでしょう。学校生活には教科書がありますし、会社の仕事にもマニュアルがあります。しかし、家庭生活には、誰《だれ》もが参考にしうるようなテキストがないのです。自分の育った家庭環境を模倣《もほう》するか、各人《かくじん》が試行《しこう》錯誤《さくご》して、新しい流儀《りゅうぎ》を生み出すしかありません。他人《たにん》の家庭生活はのぞけないし、世間話《せけんばなし》をしても、本当のところはわからないものです。

私は、家庭生活を幸福にするための教科書や参考書を提供するのが、宗教の使命の一つだと思います。本書は、昨年のベストセラー『コーヒー・ブレイク』に続く人生のヒント集です。お茶を片手に、気楽に読んでいただいて、ついでに幸福になってもらえば、こんなうれしいことはありません。

二〇〇七年　五月

幸福《こうふく》の科学《かがく》グループ創始者兼総裁《そうししゃけんそうさい》　大川隆法《おおかわりゅうほう》

ティータイム　目次

contents

Chapter 2

すぐできる、さわやかレッスン――毎日、幸せが増《ふ》えていきます

contents

Chapter 3

これが「転ばぬ先の〝知恵《ちえ》〟」——家庭の不運が遠のきます

Chapter 4

家庭力は幸せの源《みなもと》――職場《しょくば》に社会に広がります

Chapter 1

家庭は「鏡」のようなもの
——新しい自分が見えてきます

1 家庭を幸せにするいちばんの近道

「立ち向かう人の心は鏡なり」といいますけれども、そういうところは、やはりあるのです。人間は、親切な人と会うと親切になります。ところが、棘《とげ》がある人と会うと棘が出てくるのです。

これは一つの法則《ほうそく》です。

したがって、自分が周りの人に優《やさ》しくしてもらう方法は、自分

自身が優しくなることです。これが、いちばんの近道なのです。

夫婦《ふうふ》げんかや嫁姑《よめしゅうとめ》の問題などで、「相手がひどい。相手が悪い」と言っている人が、ものすごい善人《ぜんにん》で、相手だけが一方的に悪いということは、普通《ふつう》はないわけです。

すべての人に好かれるような人は、そうはいないかもしれませんが、そういう人になれるように、自分のできる範囲《はんい》で努力しなければなりません。

そして、「自分は、初対面の人と会ったときに、どういう印象を与《あた》えるだろうか」といった観点から、自分を、もう一度、見てみる必要があるのです。

たとえば、初対面の人と会って、みんなから、「あなたは素晴《すば》らしい、ものすごくできた人だ」と言われる主婦が、ご主人とだけ調和できないということならば、ご主人に問題があります。ただ、そういう経験《けいけん》がないのであれば、やはり自分にも、思い当たる問題点は何かあるはずです。

結局、あなたが、ものすごくよくできた人になれば、相手も変わってきます。時間の差はありますが、変わってくるのです。

人に優《やさ》しくしてもらう方法は、
自分が優しくなることです。

2 結婚《けっこん》し、時がたち 伴侶《はんりょ》の姿《すがた》を見てみれば……

結婚《けっこん》当初は、夫婦《ふうふ》で、いろいろな理想を描《えが》いているでしょう。

ところが、一年が過《す》ぎ、二年が過ぎ、十年、二十年が過ぎていくと、その気持ちが薄《うす》れ、現実《げんじつ》のなかで薄汚《うすよご》れていくのを感じることでしょう。

夫《おっと》は、かつてのような、優《やさ》しい理想的な夫ではなく、仕事に疲《つか》れた夫であり、妻《つま》も、もはや可憐《かれん》な少女ではなくなり、汚れたエプロンをつけて、「体が痛《いた》い」などと常《つね》に愚痴《ぐち》や不満を言う妻かもしれません。

しかし、そういうときに、初心を思い返してほしいのです。二人が出会って愛し合い、誓《ちか》い合ったときのことを——。その少女を現在《げんざい》の姿《すがた》に変えたのは、ほかならぬ、夫であるあなたではないでしょうか。あるいは、夫を現在の姿に変えていったのは、ほかならぬ、妻であるあなたではないでしょうか。

出会ったころより、相手が、みすぼらしく見え、悪くなっているると思われるならば、それは相手だけの責任《せきにん》ではありません。

夫婦は、共に生きることによって、お互《たが》いを啓発《けいはつ》し合い、教育し合うべきです。お互いに相手のよいところを見つけていき、向上していくことが大事なのです。

愛し合い、誓《ちか》い合ったときのことを
思い返しましょう。

3 子供《こども》は親を選んで生まれてきます

子供《こども》が両親を選んで生まれてくる場合、大部分のみなさん、おそらく八割《わり》以上のみなさんにとって、一つの法則《ほうそく》があります。

それは、「魂的《たましいてき》に、ある程度《ていど》、親和性《しんわせい》がなければ、子供として生まれてくることはできない」ということです。それが原則《げんそく》としてあります。

これが、魂は別なのに親子が似《に》ることの理由の一つです。

女性は妊娠《にんしん》して子供を宿すのですが、妊娠は霊現象《れいげんしょう》であって、女性の肉体のなか、心のなかに異質《いしつ》なるものが宿るわけです。魂のなかに他《た》の魂が宿ってくるのです。

言葉は悪いかもしれませんが、妊娠は、変わった意味における憑依《ひょうい》現象であることは事実です。

憑依には、「同類《どうるい》、相通《あいつう》ずる」という原則があり、子供の魂は、だいたい自分と波長《はちょう》の似た人のところに出てきます。

「それでは、奥《おく》さんに引かれて出るのであって、ご主人とは関係がないのではないか」と思う人もいると思いますが、奥さんとご主人が結ばれるのは、やはり、似た者同士が引き付け合うからで、結果的には、ご主人と子供も同じような波長であることが多いのです。

親が自分の子供を一歳《さい》か二歳ぐらいから観察していると、自分に似たところがけっこうあります。生物学的に似ているだけではなくて、魂の傾向性《けいこうせい》で似ているところがあるのです。

魂的《たましいてき》に、ある程度《ていど》、
親和性《しんわせい》がなければ、
子供《こども》として生まれてくることは
できません。

4 大人になって表れる子供《こども》時代の心の傷《きず》

「幼少時《ようしょうじ》に父親に認《みと》められなかった」という欲求不満《よっきゅうふまん》を持っている人は、社会に出ると、会社の上司、あるいは、そういう立場に立つ人に認められたがります。しかし、それは、父親に認められなかったのと同じように、たいてい、なかなかうまくいかないものです。

「母は自分をあまりかわいがってくれなかった」という場合もあります。こういう人は、家庭的な面でも、やはり欲求不満を起こしていきがちです。

子供《こども》時代に母親から充分《じゅうぶん》に愛された人は、そういう情愛《じょうあい》の深い女性を伴侶《はんりょ》として選ぶものであり、そのため、社会において挫折《ざせつ》しても、その部分について、傷口《きずぐち》を埋《う》めてもらえるというか、くるんでもらえることが多いのですが、子供時代に、家庭において、母の愛というものを充分に受けなかった人は、そういう優《やさ》しい女性との結婚《けっこん》を、ほんとうは深層《しんそう》心理で望んでいながら、できないことが多いのです。

そして、わざわざ、その正反対のタイプの女性に魅《ひ》かれていくのです。

それで、結婚できなくて傷つけられることも当然ありますが、結婚して傷つけられることもあります。家庭において、また挫折を繰《く》り返すのです。

このように、子供時代に受けた心の傷が、大人になってから、別なかたちで展開《てんかい》することが多くあります。

子供《こども》時代に受けた心の傷《きず》が、
別なかたちで
展開《てんかい》することがあります。

5 妻《つま》のほうが強い夫婦《ふうふ》の真相《しんそう》

不思議《ふしぎ》なことに、強い女性や自立した女性は、えてして、影《かげ》の薄《うす》い男性と一緒《いっしょ》になることがあります。いるのかいないのか分からない、クラゲのような男性のところには、ウーマンパワーがあることが多いのです。

女性のなかには、女傑《じょけつ》タイプというか、「男性を食べさせてやりたい」というような気持ちを持っている、エネルギー豊富《ほうふ》な女性が一割《わり》ぐらいいます。

そういう女性は、表面意識《いしき》（心の表面）では、「なぜ、夫《おっと》は、こんなにだらしがないのか」と思うのですが、潜在《せんざい》意識（心の奥《おく》底《そこ》）では、「だからこそ、私《わたし》の生きがいがある」と思っていることがよくあるのです。

「夫は、だらしがない」と思っている女性は、自分が潜在意識で何を考えているのかを知る必要があります。

女性のなかには、本人は気がついていないのですが、女性に生まれたことを潜在意識で憎《にく》み、「男に生まれたらよかった」と思っている人がいます。そういう女性は、結婚《けっこん》すると、無意識のうちに夫を打ち倒《たお》してしまうことがあります。

奥《おく》さんが、自己《じこ》イメージとして、「私のほうが主人よりも値打《ねう》ちが高い」と思っている場合は、よくご主人が〝脱走現象《だっそうげんしょう》〟を起こします。家を飛び出してみたり、浮気《うわき》をしてみたり、失業《しつぎょう》してみたりするのです。

そこには、「ご主人が愛情《あいじょう》を欲《ほっ》している」という面もありますが、もう一つ、「ご主人は、男性の優位《ゆうい》を確立《かくりつ》したいのに、それができないため、家族に迷惑《めいわく》をかけるかたちで、マイナスの自己実現《じつげん》をしている」という面もあるのです。

自分が潜在意識《せんざいいしき》（心の奥底《おくそこ》）で
何を考えているのかを
知りましょう。

6 切っても切れない 嫁《よめ》と姑《しゅうとめ》の深い縁《えん》

嫁《よめ》と姑《しゅうとめ》の軋轢《あつれき》というものは、よく言われることですけれども、魂的《たましいてき》に見たならば、嫁と姑とは、非常《ひじょう》に縁《えん》が深いものなのです。魂的には、切っても切れないほどの深い縁があることが多いのです。

たいていは、姑が、嫁よりもはるかに人生経験《けいけん》も多く、いろい

ろなことを知っているがために、「嫁のやっていることは危《あぶ》なっかしくて見ていられない」という場合が多いように思います。

そういうときに、あれこれと注意をしたくなるわけですが、注意をされたほうは新入社員のようなものですから、一つひとつが非常にこたえ、それが魂の葛藤《かっとう》になっているように思います。

このように、結婚後《けっこんご》、さまざまに窮屈《きゅうくつ》な思いをすることもありましょうが、それを、「自分は、実社会で訓練《くんれん》されるのと同じような、魂の訓練をされているのだ」と思わなければなりません。

また、舅《しゅうと》、姑、あるいは小姑《こじゅうと》と、いろいろ出てくるでしょうが、どの人にも、それぞれ、よいところはあるものです。

「長所と付き合えば悪人はいない」と言われるように、「それぞれの人の持っている、よいところを学ぼう」という心で接《せっ》していると、自然に勉強になりますし、また、先生役になっている人たちも、「嫁には、なかなか、けなげなところがある」と感心してくれるものなのです。

長所と付き合えば
悪人はいません。

Chapter 2

すぐできる、さわやかレッスン
——毎日、幸せが増《ふ》えていきます

7 まず「心のなか」でほめてみましょう——不思議《ふしぎ》に相手も反省を

人間関係がうまくいかなくなってきたときには、原点に帰り、初心に戻《もど》って、自分を厳《きび》しく見つめ直す必要があります。

人間の価値《かち》は能力《のうりょく》だけでは決まらないのです。もっと幅広《はばひろ》い、さまざまな要素《ようそ》があります。たいていは、相手を一面的に評価《ひょうか》していて、何かの面だけを取り上げ、「駄目《だめ》だ」と言っているはずです。

人間関係でつまずきが起きてきたら、粗探《あらさが》しをやめて、相手の長所を認《みと》め、相手をほめる気持ちを持つことです。それを口に出して言うことができないならば、心のなかで思うことです。

そうすると、相手のほうも、ちょうど同じ時期に同じようなことを始めます。

これは不思議《ふしぎ》なぐらい符合《ふごう》しているので、やってみるとよいでしょう。必ずそうなります。

相手を悪く言う場合、それは、たいてい、隠《かく》された能力自慢《のうりょくじまん》であることが多いのです。結局、「自分は、こんなにできるのだ」という自慢、隠れたかたちでの能力自慢なのです。

それが、他人《たにん》とぶつかっている原因《げんいん》なので、それを横に置いて、「もう少し相手のよいところを見よう」という寛容《かんよう》な心を持つことです。

相手を悪く言う場合は、
自分の能力《のうりょく》自慢《じまん》であることが
多いのです。

8 「聴《き》く」ことの、すごい効果《こうか》

相手を愛せないときは、相手を理解《りかい》できないときです。

夫婦《ふうふ》の場合でも、たいてい、そうです。夫《おっと》も妻《つま》も、それぞれ言い分を持っていて、お互《たが》いにそれを言い合っているのですが、相手の言い分が納得《なっとく》できず、自分の気持ちが許《ゆる》さないため、けんかになってしまうのです。

理解できた相手のことは、愛することができます。

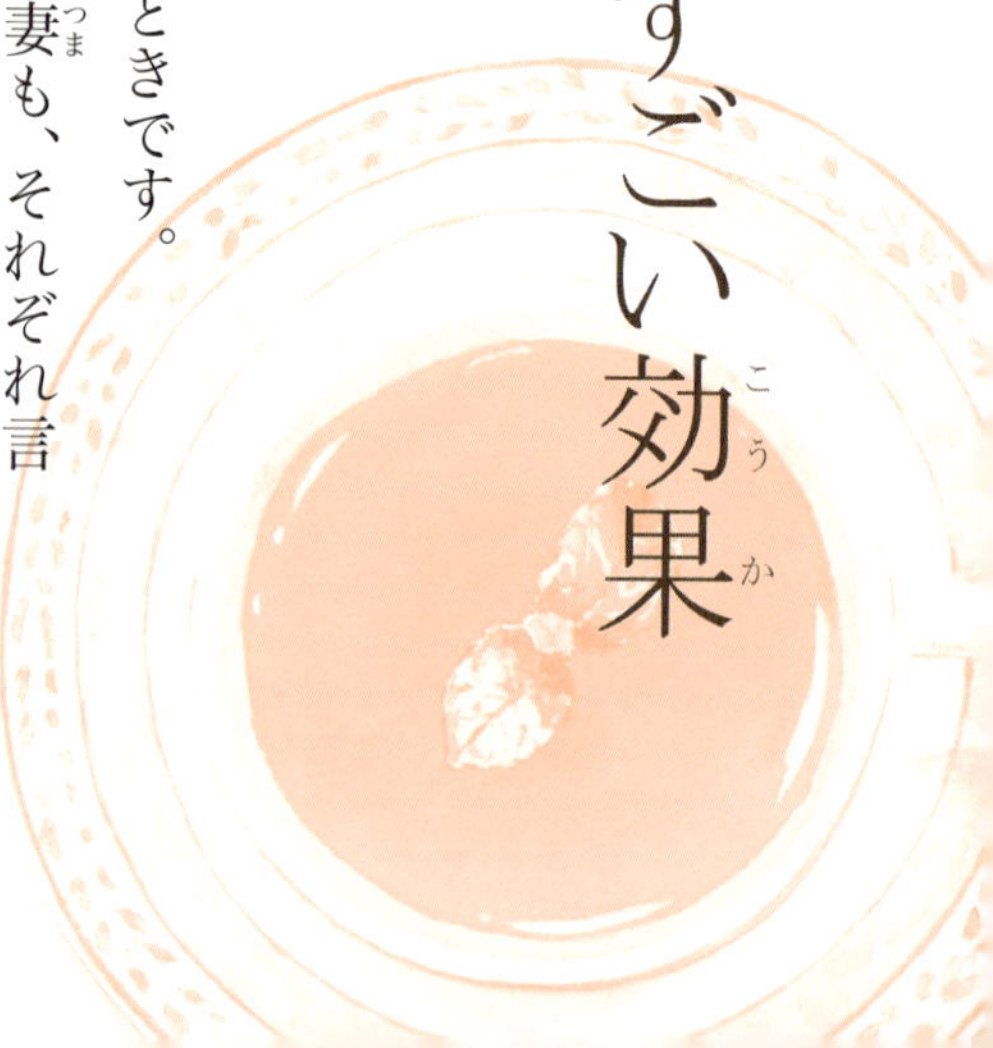

また、「自分は理解された」と思った人は、「自分は愛された」というように感じるのです。

相手の話をよく聴《き》いてあげると、相手を理解できるようになります。

家庭においても、ほかには何もしなくても、ただ相手の言うことをよく聴いてあげるだけで解決《かいけつ》する問題は、たくさんあります。

「奥《おく》さんが、いろいろと悩《なや》みを抱《かか》えていて、なかなか解決できない」という場合であっても、何のことはない、「ご主人が、一、二、三時間、奥さんの話を聴いてあげたら、それで終わり」ということだってあるのです。

したがって、相手を理解するためには、聴く能力《のうりょく》を高めることです。

「相手の話を聴いてあげよう」と思うことも、愛の心なのです。

相手の話を
よく聴《き》いてあげるだけで
解決《かいけつ》する問題は、
たくさんあります。

9 ちょっと「かわいい妻《つま》」を演《えん》じてみる

夫《おっと》の愛情不足《あいじょうぶそく》を嘆《なげ》く人は、一度、男性の立場に立って、自分自身を見てみてはいかがでしょうか。

結婚《けっこん》当時は魅力的《みりょくてき》に見えたであろうあなたも、家庭に入ると、しだいに、着る物はぞんざいになり、お化粧《けしょう》はしなくなり、だらしのない姿《すがた》を夫に見せるようになってはいませんか。

洗濯物《せんたくもの》は山積みで天井《てんじょう》に届《とど》きかねないし、茶碗《ちゃわん》は使いっぱなしで洗《あら》わず、ごみは盛《も》り上がり、銀バエが飛びまわっている――そのような家庭に毎晩《まいばん》帰ってきたならば、夫はどのように感じるでしょうか。

「ふてぶてしい。おれが、これだけ苦労して会社で八時間も十時間も働き、ぐったりして帰ってきているのに、女房《にょうぼう》ときたら、後片《あとかた》づけはできないし、洗濯も掃除《そうじ》もせず、布団《ふとん》は敷《し》きっぱなしで、毎日、三食昼寝《ひるね》つきだ。こんなばかな話があるものか」という思いで、夫はあなたを眺《なが》めるのです。

しかし、「男たるもの、あまり愚痴《ぐち》を言うものではない」と思うので、会社から帰ってきては、ブスッとした顔で、「飯《めし》」「風呂《ふろ》」「寝る」という三つの言葉だけを言うようになります。それが男性のせめてもの抵抗《ていこう》なのです。

夫の愛情不足をいつも嘆いている人は、立場を変えて、「どうすれば夫が自分をかわいく思うか」ということを考えてみる必要があります。

「夜の生活が不足している」という人も同じです。妻《つま》としての魅力が、どこか欠けているのではないでしょうか。

もう少し、けなげで、かいがいしい妻ぶりを発揮《はっき》すると、夫にとって、それなりにかわいくなってくるものなのです。

「どうすれば夫《おっと》が
自分をかわいく思うか」
ということを
考えてみましょう。

10 ふがいない夫《おっと》を立派《りっぱ》にさせてしまう方法

事実は無視《むし》して、夫《おっと》が、どれほど素晴《すば》らしいか、どれほど神に愛されている人間であるかということについて、〝信仰《しんこう》〟を始めることです。

これを〝家庭教《かていきょう》〟といいます。家庭教を始め、夫を主宰神《しゅさいしん》だと思うのです。

事実認定《にんてい》をしすぎる家庭では、この逆《ぎゃく》になります。妻《つま》が、「夫の現状《げんじょう》はこうである」という分析《ぶんせき》にたけているわけです。

「夫の給料の現状はこうであって、平均《へいきん》以下であることは分かっている。隣《となり》の人よりも出世が遅《おく》れていることは分かっている。同期で入ったあの人よりも出世が遅《おそ》いのは分かっている。体型が悪いのも分かっている。口が悪いのも分かっている。とにかく最低である」

こういう〝コンピュータ診断《しんだん》〟を出すのです。

しかし、このコンピュータ診断から脱出《だっしゅつ》しなければ、家庭愛の発展《はってん》はないのです。

夫への信仰ということを始めてください。

手は合わせなくてもかまいませんが、心のなかでそう思っていると、ご主人は意外に神様らしくなってくるかもしれません。

「自分は巫女《みこ》だ」と思って務《つと》めていたら、それなりに効果《こうか》が出てくると思います。

夫《おっと》が、どれほど素晴《すば》らしいか、
〝信仰《しんこう》〟を始めることです。

11 伴侶《はんりょ》がふっと心を開くとき

一生懸命《いっしょうけんめい》やっていて、九十パーセントまでできていても、十パーセントが駄目《だめ》で、いつも怒《おこ》られている奥《おく》さん、あるいは、ご主人がいます。相手から見て、「あなたは、いい人なのだけれども、この癖《くせ》だけは、どうしても気に入らない」というようなものがあるわけです。

しかし、「これだけは嫌《いや》だ」というものを取り上げて言っている人は、「これがあるから幸福になれない」という理由を探《さが》しているのです。

そういうものを探すのではなく、やはり、他《た》の人のよいところを認《みと》めていき、自分が与《あた》えられているところについて、よく感謝《かんしゃ》し、考え方を変えなくてはなりません。


そして、人から取ることは、もう、この辺でやめましょう。

人から与えられていることをよく見て、今度は、ちょっと、自分も人にあげるほう、お返しをするほうを考えましょう。

たとえば、ご主人は、いつも帰りが遅《おそ》いかもしれませんが、遅いのには遅いだけの理由があるのでしょうから、奥さんは、そういうことについて、ねぎらいの言葉をかけてあげることです。それだけでも、かなり違《ちが》います。

奥さんが、ねぎらいの言葉をかけてあげたりすると、ご主人は、ふっと心を開くこともあるのです。

自分も人にあげるほう、
お返しをするほうを
考えましょう。

12 悪い言葉が出るのをグッとこらえるコツ

家庭争議《そうぎ》が起きたときに、まず考えるべきことは、「言葉の調《ちょう》律《りつ》から始める」ということです。

人を傷《きず》つける言葉、相手を裁《さば》く言葉、相手をほんとうにこっぱみじんに砕《くだ》き、失意《しつい》の底に落とすような言葉、そういう言葉を出さないことです。

激《はげ》しい言葉が出そうになったら、深呼吸《しんこきゅう》をしてください。心のなかで、一、二、三、四、五、六……と数えてください。十も数えたら、その言葉は出さなくて済《す》みます。

言葉に出してしまったら、その言葉自身が生き物となって動きはじめます。仕事をします。耳を通じて、相手の頭のなか、心のなかに入って、相手からも憎《にく》しみを喚《よ》び起こします。そして、さらに激しい言葉が相手からも出てきます。その結果、両方からの応酬《おうしゅう》になって、そこに血みどろの戦場が現《あらわ》れてきます。

まず、「相手を傷つける否定的《ひていてき》な暗い言葉を出すまい」という最初の関門《かんもん》を守ってください。

大事なことは、心に曇《くも》りをつくらないこと、毒を食らわないことです。

相手のほうに悪い点があるのかもしれませんが、その悪を自分自身のなかに植え込《こ》んで増幅《ぞうふく》させる必要はありません。

激《はげ》しい言葉が出そうになったら、
深《しん》呼《こ》吸《きゅう》をして、
数を数えてみましょう。

13 家庭に喜びを見いだす工夫《くふう》

今後は、外部の価値観《かちかん》、外部の尺度《しゃくど》での出世や成功が、かなり厳《きび》しくなってくるので、もう少し、家庭の内に喜びを見いだす工夫《くふう》をしたほうがよいでしょう。

たとえば、新婚《しんこん》当時は、「よく二人で喫茶店《きっさてん》に行った」「よく二人で散歩をした」「ときどき花を買ってきて飾《かざ》った」など、さりげない行為《こうい》がいろいろあったと思います。

そのような、なるべくお金のかからない、懐《なつ》かしい趣味《しゅみ》や遊びを、再《ふた》び実践《じっせん》してみるのです。

また、子供《こども》がいるのであれば、「これまでは仕事が忙《いそが》しくてなおざりにしていた、子供に関する些細《ささい》なことに価値を見いだす」ということもあります。

子供の運動会へ行くなり、子供の作品の展覧会《てんらんかい》を観《み》に行くなり、あるいは、子供の勉強を見てあげるなり、これまでしていなかったようなことをしてみるのです。

これからの時代においては、少し価値観の転換《てんかん》をしなくてはなりません。

これは、単なる諦《あきら》めではなく、「内に入りながら、少しずつ力をためていき、また盛《も》り返すときを待つ」ということです。

なるべくお金のかからない、
懐《なつ》かしい趣味《しゅみ》や遊びを、
再《ふたた》び実践《じっせん》してみましょう。

14 頭がクリアに！ 家族でできる脳《のう》トレーニング

「ぼけ封《ふう》じによく効《き》く」と言われているものには、「最低、週に一冊《さつ》は本を読む」ということがあります。

そのほかに、「語学を勉強する」ということもあり、これは医者が言っているので、実際《じっさい》に効果《こうか》があるのだと思います。

たとえば、ラジオ講座《こうざ》を聴《き》いてもよいし、テレビで語学の番組

を観《み》てもよいし、参考書を使ってもよいし、原書を買ってきて読んでもよいし、やり方は、いろいろあると思いますが、もう一回、語学を勉強していると、頭のなかが若返《わかがえ》り、シャープになるのです。

「語学の勉強は大変だ」と思う人は、短歌や俳句《はいく》、漢詩などの勉強でもよいでしょう。漢詩の古典には、『唐詩選《とうしせん》』など、いろいろなものがあります。

かつて学んだことのある、学問的な匂《にお》いがあるものについて、繰《く》り返し、分析的《ぶんせきてき》に勉強をすると、新しい刺激《しげき》が発生して、脳《のう》がクリアになり、非常《ひじょう》に明晰《めいせき》になってきます。そして、新しく勉強をしたり暗記をしたりする能力《のうりょく》が、しだいに上がってくるのを感じます。

脳の衰《おとろ》えを防《ふせ》ぐには、もちろん、語学もよいのですが、「読み書きそろばんが、そのままよい」とも言われているので、プライドを捨《す》て、計算練習や漢字の練習、音読などをしてもよいでしょう。

四十歳《さい》、五十歳のあたりから、老後の〝軟着陸《なんちゃくりく》〟に向けて、栄養面も含《ふく》め、肉体と精神《せいしん》の両面で、しだいに自己《じこ》をコントロールしていき、賢《かしこ》く生きることが大事なのです。

勉強をすると、
頭のなかが若返《わかがえ》り、
シャープになります。

Chapter 3

これが「転ばぬ先の〝知《ち》恵《え》〟」

——家庭の不運が遠のきます

15 子供《こども》が親に反抗《はんこう》するほんとうの理由とは？

家庭内暴力《ぼうりょく》の原因《げんいん》の一つはストレスです。これは間違《まちが》いありません。

子供《こども》への押《お》しつけが多くなると、これに対して、個性《こせい》ある者の反乱《はんらん》が起きます。子供が反乱を起こす場合、たいていは、親が子供に対して、「おまえはこうしなければならない」「勉強しなければばならない」「この仕事に就《つ》かねばならない」というように、特定の価値観《かちかん》を押しつけています。それが家庭内暴力の原因になることが多いのです。

たとえば、親から、「おまえは、将来《しょうらい》、絶対《ぜったい》に医者にならなければならない。そのためには勉強ができなければならない。国立大学の医学部へは並《なみ》の頭脳《ずのう》では入れないし、私立《しりつ》大学へ行かせるほどのお金はない」と言われて受験勉強をしていた息子が、最後には、気が狂《くる》ったように暴《あば》れるということも充分《じゅうぶん》にありえます。

親のほうは、何か失敗体験、挫折《ざせつ》体験があって、「自分はうまくいかなかったから、子供だけは、なんとか幸福にしてやりたい」という親心で、子供にいろいろとお仕着《しき》せを着せるのですが、子供にとっては、たいへん迷惑《めいわく》な話であることが多いのです。

親の考え方と子供の考え方は違います。親のほうは「子供の気持ちを全部分かっている」と思うかもしれませんが、子供は、十代の後半ぐらいになると、親とは違うことを考えているので、親には子供の心の内が分からなくなっています。

子供の価値観は、親にとっては意外なところにある場合があるのです。

子供《こども》の価値観《かちかん》は、
親にとっては
意外なところにある場合があります。

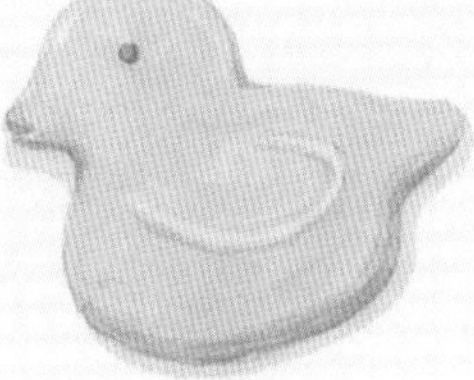

16 娘《むすめ》がお嫁《よめ》に行けない原因《げんいん》は実は親にも？

自分では「『与《あた》える愛』を実践《じっせん》している」と思っていても、実際《じっさい》には、とりもちのような愛で子供《こども》を縛《しば》っていることもよくあります。

「全部を支配《しはい》したい」という気持ちで、子供を〝鳥籠《とりかご》〟のなかに入れてしまうのですが、それは「与える愛」ではなく「奪《うば》う愛」なのです。

親というものは、子供がだんだん大人になり、自分から離《はな》れていくのを、目を細めて喜ぶような心境《しんきょう》にならなくてはなりません。

ところが、親が子供を〝おもちゃ〟にしている場合がよくあります。人物としては立派《りっぱ》なのに、子供を遊び道具のようにしている親が少なくないのです。

たとえば、親が娘《むすめ》に、「いつも『結婚《けっこん》しなさい』と言っているのに、おまえは、なかなか嫁《よめ》に行かない」と、よく説教をしているのだけれども、実は親が原因《げんいん》で結婚できないというケースは、幾《いく》らでもあります。

親は、本心では娘を手放したくないので、何だかんだと言って娘を縛り、しかも自分自身では気づいていないのです。それに気づくことが大事です。

とりもちのような愛で
子供《こども》を縛《しば》っていませんか？

17 こうすれば“幸せ熟年夫婦《じゅくねんふうふ》”になれる

熟年《じゅくねん》での離婚《りこん》は、たいてい、女性のほうに選択権《せんたくけん》があるらしいのですが、夫《おっと》が仕事熱心で、夜の九時までに家に帰ることの少ないタイプである場合が多いようです。

夜遅《おそ》く家に帰ってきて、食事はお茶漬《ちゃづ》けぐらいでよく、また、朝食もパンぐらいでよいというような人が、勤務先《きんむさき》を退職《たいしょく》して、毎日、家にいるようになったら、どうなるかというと、奥《おく》さんのほうは、だいたいストレスがたまってくるのです。

そのように、「仕事の関係で日中は家にいなかったご主人が、退職して、家にずっといるようになり、〝粗大《そだい》ゴミ化〟する」という問題があります。

それから、奥さんが、子供《こども》のほうにばかり情熱《じょうねつ》を注ぎ、「子供が百パーセント」という状態《じょうたい》であり、「夫は月給だけ持って帰ってきてくれればよい」というスタイルであると、「子育てが終わっ

たときに、夫婦《ふうふ》のあいだで、お互《たが》いを結びつけるものがなくなる」ということがあります。

それを避《さ》けるためには、どうしたらよいでしょうか。

たとえば、一週間のうちで、特定の曜日の日に、夫婦で共通の趣味《しゅみ》の時間を持つなどして、夫婦の対話の機会を設《もう》けるのです。

ご主人が、いつも帰りが遅く、休日はゴルフばかりして、会社の人とだけ会っているようであれば、最後は熟年離婚まで行くこともあります。

そうならないために、ご主人は、毎週ゴルフをするのではなく、月に二回ぐらいは休むなりして、夫婦の対話の時間を持ち、意図的に夫婦の接点《せってん》をつくっていかなくてはなりません。

また、ご主人は、会社の仕事がなくなったあとでも自分の生きがいになるようなものを、早めに育てておく必要があります。五十歳《さい》ぐらいになったら、六十歳以降《いこう》のことを考えなければいけません。

「会社を退職したら、自分は何をするか」ということを考え、老後の生きがいのために教育投資《とうし》などをしていくことが必要です。「年を取ったら、これをしよう」というものを持っておくわけです。

生きがいを持って何かをやっている男性は、それなりに輝《かがや》いているので、よいのです。

熟年離婚の危機《きき》を防《ふせ》ぐには、基本的《きほんてき》には、このような、戦略的《せんりゃくてき》な考え方が必要だと思います。

やはり、「老後についての設計《せっけい》が要《い》る」ということです。

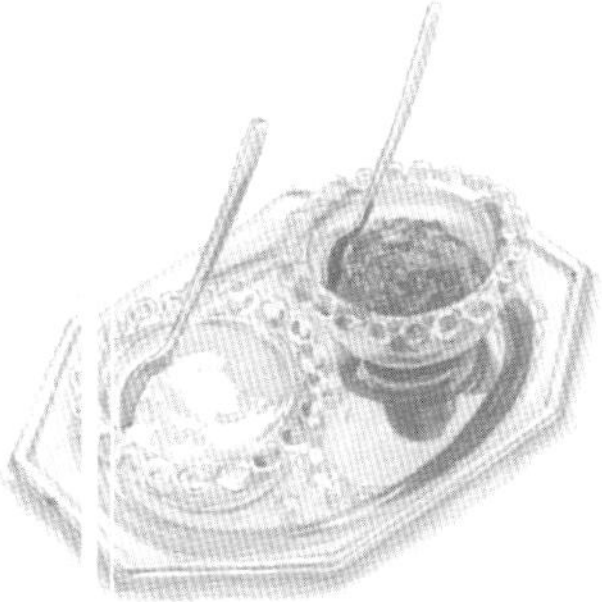

熟年離婚《じゅくねんりこん》の危機《きき》を防《ふせ》ぐには、
戦略的《せんりゃくてき》な考え方が必要です。

18 憎《にく》しみの心が病気の原因《げんいん》になることも

人を憎《にく》んでいると、たいてい体の調子が悪くなります。憎まれている人、憎しみを受けている人も調子が悪いのですが、憎んでいる人も、やはり調子が悪いのです。

原因《げんいん》不明の病気になったりする人は、多くの場合、憎しみの感《かん》情《じょう》を強く持っています。「許《ゆる》せない」という憎しみの感情を持っ

ていると、精神《せいしん》の作用によって、病巣《びょうそう》が体のなかにできてくるのです。破壊的《はかいてき》な思い、憎しみの思いが物質化《ぶっしつか》して、ガン細胞《さいぼう》になったりすることもあります。そのように、思わぬところで病気が出てくるのです。

したがって、自分自身のためにも、人を許さなければいけません。自分自身のことも許さなければいけませんが、他《た》の人のことも許さなければいけないのです。

自分に対して害をなした人、自分に恥《はじ》をかかせた人、自分を迫《はく》害《がい》した人、自分を侮辱《ぶじょく》した人などは、たくさんいるでしょう。しかし、そういう人たちを許さなければいけません。

一年、苦しめば、あるいは、三年、五年、苦しめば、もう充分《じゅうぶん》です。そういう人たちも、現在《げんざい》は変わっているかもしれませんし、反省しているかもしれません。「そのときは侮辱したけれども、あとで反省した」ということもあるのです。したがって、憎みつづけるべきではありません。

ひどいことをされて、苦しい思いをしたとしても、それをいつまでも恨《うら》みつづけるのではなく、「相手も不完全な人間なのだ」と思わなければいけないのです。

自分自身のためにも、
人を許《ゆる》さなければいけません。

19 男が浮気《うわき》をするときの一つの法則《ほうそく》

奥《おく》さんの経済力《けいざいりょく》が豊《ゆた》かになってきたら、普通《ふつう》は、家庭がよくなると思いますが、崩壊《ほうかい》に向かっていくこともよくあります。

奥さんの収入《しゅうにゅう》がご主人の収入を超《こ》えた場合には、家庭の危機《きき》が訪《おとず》れることが多いということ、あるいは、そうならなくても、ご主人自身が駄目《だめ》になっていき、破滅型《はめつがた》の人生を歩んでいくケース

が極《きわ》めて多いということを、事実として知っておかなければいけません。

また、夫婦《ふうふ》が共に働いていて、ご主人よりも奥さんのほうが、社会的地位、あるいは、その職業的《しょくぎょうてき》立場や地位に対する世間の評《ひょう》価《か》が高くなってきたときにも、夫婦の危機が現《あらわ》れてきます。夫婦同士で、そのように競《きそ》いはじめると、家のなかが地獄《じごく》になることが多いのです。

「奥さんが、みずから経済力を持ち、また、高い能力《のうりょく》を持って仕事をする」ということは、社会に貢献《こうけん》しているわけですから、それはそれで、悪いことではないのですが、そうなると、夫婦で自然に競争が起きてくるわけです。

そして、ご主人のほうが、「負けた」という気持ちになると、ご主人はプライドを傷《きず》つけられるので、普通は家庭がもたなくなってきます。

ご主人のほうに、いつも奥さんに負けているという気持ちがあると、ご主人は、家へ帰ってくるのが、だんだん辛《つら》くなってきます。こういうご主人が、だいたい浮気《うわき》をします。浮気をして、もっと優《やさ》しい、競争しなくてもいいような女性を求めていくのです。

客観的に見ると、社会的には、奥さんのほうが、はるかに素晴《すば》らしく、お見合いなどをすれば、全然、問題にならないぐらい、奥さんのほうが素晴らしいのに、そうでもない女性のほうに魅《ひ》かれていって、浮気をするケースがよくあります。

したがって、奥さんのほうからすれば、どう見ても納得《なっとく》がいかないのです。「あんな女性の、いったい、どこがいいの。うちの亭《てい》主《しゅ》は、おかしいんじゃないかしら」と思います。

では、なぜ、そういう女性のところへ行くかというと、結局、くつろぐからです。負けた気がしないので、自尊心《じそんしん》が傷つかないのです。

ご主人が、もともと浮気性《うわきしょう》の、悪い人間だから家庭が崩壊したのかといえば、そうではないのです。

ご主人は、毎日、いつもいつも家のなかで裁《さば》かれているのです。

「あなたは稼《かせ》ぎが悪い。あなたは出世しない。あなたは頭が悪い。あなたは女房《にょうぼう》を養う力もない。あなたは子供《こども》の手本になれない」

――こういうことを、いつも、口に出して言われるか、無言で言われるか、どちらかなのです。

そうすると、だんだん、残業《ざんぎょう》と称《しょう》して帰りが遅《おそ》くなります。そして、出張《しゅっちょう》と称して家にも戻《もど》らなくなってきます。

これは一つの法則《ほうそく》なので、法則は法則として認《みと》めた上で、これへの対策《たいさく》を立てなければいけません。それは、自分の家だけの特《とく》殊事情《しゅじじょう》、あるいは、突如《とつじょ》として天から降《ふ》ってきた不幸や災難《さいなん》ではないのです。

男性というものは自尊心の動物です。

男性には、自尊心を家のなかで保《たも》てないと、必ず破滅のほうに向かっていく習性《しゅうせい》があります。

その自尊心の部分は、どうしても、皮一枚《まい》であっても、どこかに残しておかないといけません。それを切ってしまったら最後になるのです。

ほんとうに賢《かしこ》い奥さんとは、ご主人をばかにできるような奥さんではないのです。ご主人をばかにする奥さんが、賢いのではありません。

ご主人を上手《じょうず》に立てて、機嫌《きげん》よく定年退職《ていねんたいしょく》まで働いてもらえるようにもっていくのが、やはり賢い奥さんなのです。

男性の自尊心《じそんしん》は、
皮一枚《まい》であっても、
どこかに残しておかないと
いけません。

20 家計のコストカッターになってみる

お金に関する考え方は、大企業《だいきぎょう》であろうと、政府《せいふ》であろうと、基本的《きほんてき》には家計と同じです。基本は、入るお金と出るお金です。これだけなのです。現在《げんざい》の収入《しゅうにゅう》と今後の収入の見込《みこ》み、現在の支《し》出《しゅつ》と今後の支出の見込みを考え、さらに、現在の貯金の額《がく》を見て、今後どうなるかを考えることが大事です。

これは非常《ひじょう》に簡単《かんたん》なことであり、小学生でも分かることなのですが、学校では教えていません。これをまともに教えるところはないのです。大学の商学部《しょうがくぶ》では教えている可能性《かのうせい》もありますが、あまりに当たり前すぎて、教えていないかもしれません。

ところが、これのできない人は多いのです。

まず、単純《たんじゅん》に、自分の家の収入と支出を表《ひょう》にして、一枚《まい》の紙に書いてみればよいのです。

一方には、現在の収入や、今後の収入の予定を書きます。自分の会社が危《あぶ》ないのならば、将来《しょうらい》、収入が減《へ》ったり、転職《てんしょく》したりするリスクもあるので、それも考えながら書いてみます。

もう一方には、現在の支出や、今後の支出の予定を書きます。家賃《やちん》なり、ローンなり、子供《こども》の学資《がくし》なり、その他《た》、子供の結婚《けっこん》資金だ何だと、いろいろあるでしょう。それらが、どの程度《ていど》あるのかを書いてみるのです。

そして、どこかに無理がないかどうかを見て、もし無理があるのであれば、まずは支出をできるだけ減らすことです。無駄《むだ》なものを削《けず》らなくてはなりません。

たとえば、外車を持っていたら、それを売り払《はら》います。外車だとガソリン代ももったいないので、まず、それを売り払います。

次に、「授業料《じゅぎょうりょう》の高い学校に子供を通わせる」という妙《みょう》な見栄《みえ》は捨《す》て、歩いて通える公立の学校にします。

奥《おく》さんは、高価《こうか》なアクセサリーを身につけることはやめ、ダイヤモンドの指輪などは売って、非常に質素《しっそ》な身なりにします。

それから、付き合いのために外で飲み食いをし、カラオケで歌ったりする生活はやめます。「酒を飲むとアレルギー症状《しょうじょう》が起きるので、酒は飲めない」「いまは声が出ないので、歌は歌えない」などということにして、無駄な付き合い、見栄の付き合いはやめます。

ゴルフは、お金がかかるので、ぎっくり腰《ごし》になったことにして、やめます。

こうすれば、月に十万円以上の節約ができるかもしれません。

このようにして、切れるものを、できるだけ切っていくのです。

他の人たちから、「あいつ、ケチだな」と言われようと、「嫌《いや》な奴《やつ》だな」と思われようと、自分の家の〝コストカッター〟と化さなくてはなりません。

家計の経営再建《けいえいさいけん》さえできないような人間が、会社を黒字にできるはずはないのです。まず、コストカッターとなって、削れるものは削ることです。

収入のほうは、会社で昇進《しょうしん》でもしなければ、増《ふ》えることはあまりないかもしれません。また、クビになったりすれば、収入はなくなります。そこで、収入について、今後、増えるめどがあるかどうかを、沈着冷静《ちんちゃくれいせい》に考えてみる必要があります。

たとえば、「自分は、生涯《しょうがい》、管理職《かんりしょく》にはなれないこともありうる」と思ったならば、その場合の収入構造《こうぞう》を先々まで考えてみるのです。また、自分の健康状態《じょうたい》を見て、どこまで働けるかを考えます。

その上で、奥さんと冷静に話し合うのです。「たぶん、おれは一生ヒラだと思う。課長になるには平均《へいきん》以上の実力が必要だが、おれの実力では、まあ、無理だろう」と話し、「この収入で、このあと暮《く》らせるだろうか」ということを相談します。

そして、暮らせないとなったならば、「悪いが、おまえも、ちょっとパートに出てくれないか。近所のどこかに募集《ぼしゅう》広告が出ていたよ」などと言って、パートに出てもらいます。

そのような方法によって収入を増やし、一方では支出を減らすのです。

お金の問題は、基本的には、入るお金と出るお金、〝紙一枚〟の問題です。

お金の問題は、
入るお金と出るお金、
〝紙一枚《まい》〟の問題です。

21 他人《ひと》に対して腹《はら》が立ってしかたがないときは……

「他人《ひと》の心は自分の自由にはならない」ということ、これをよく知っておいてください。

これは、どのような王様でもそうなのです。体は拘束《こうそく》できます。奴隷《どれい》にすることも殺すこともできます。しかしながら、その人の心は自由にはできません。どんなことがあっても自由にはでき

ないのです。

心は王国なのです。善《よ》き心であろうが、悪《わる》き心であろうが、その人自身のものなのです。

したがって、他人に対して腹《はら》が立ってしかたがないときには、「その人の心自体を支配《しはい》することはできない」ということを思ってください。

そして、そのときに、みなさんがすべきことは何でしょうか。

「他人の心は支配できないけれども、自分の心は百パーセント支配できる」という事実が、ここにあるのです。自分の心は自由自《じ》在《ざい》です。どのような環境《かんきょう》においても、どのような心を持つかは百パーセント自分自身で決められるのです。ここがポイントです。他人の心は変えられなくても、自分の心を変えることはできます。

そして、自分の心が変わることによって、そこから発散される善念《ぜんねん》、善なるエネルギー、光が、実は他人を変えていくのです。感化していきます。

他人の心自体を支配して変えることはできませんが、他人に影《えい》響《きょう》を与《あた》えること、感化することは可《か》能《のう》です。それは、なんと、自分自身を変えることによって、そうなっていくのです。

他人《ひと》の心は
支配《しはい》できないけれども、
自分の心は
百パーセント支配できます。

Chapter 4

家庭力は幸せの源《みなもと》
——職《しょく》場《ば》に社会に広がります

22 家族関係は実社会の縮図《しゅくず》

家庭には、「父、母、子、孫」という長幼《ちょうよう》の順があり、また、男女の別があって、家庭は、年齢《ねんれい》が上の者と下の者、男と女、この役割《やくわり》の違《ちが》いを教える原型、モデルでもあります。

「子供《こども》は、ゼロ歳《さい》から十八歳、あるいは二十歳を過《す》ぎるまで家庭にいて、社会のモデルを学ぶ」というようになっているのです。

子供が家庭で最初に見るものは、父と母が役割を分担《ぶんたん》している姿《すがた》です。父と母という、男女の組み合わせと、その二つの性《せい》の役割分担を見ながら、「男女の関係は、かくのごとくあるべし」ということを、子供は学ぶことになります。

また、きょうだいのあいだでは、「長男、次男、三男」、あるいは、「長女、次女」といった順を教えられます。そして、「年上の者は、責任《せきにん》が重く、年下の者の面倒《めんどう》を見なければならない」ということを教えられます。

これが、実社会に出てからは先輩《せんぱい》・後輩《こうはい》の区別になり、「上に立つ者が下の者の面倒を見なければならない」ということにつながるのです。

このように、家庭は実社会の縮図《しゅくず》であり、一種のモデルです。それゆえに、家庭のなかで人間関係がうまくいくことは、円満な人格者《じんかくしゃ》が実社会に輩出《はいしゅつ》するために、どうしても必要なことなのです。もし、家族関係のなかで、いびつなものがあれば、そのなかで育《はぐく》まれる魂《たましい》は、必ずや何らかのいびつな側面を持つに至《いた》るでしょう。

子供が成長していく際《さい》に最も大切なのは、父母が調和していること、父と母が、お互《たが》いに愛し合い、尊敬《そんけい》し合っていることです。

そういう両親を見て育った子供は、理想の夫婦《ふうふ》のあり方を胸《むね》に刻《きざ》み、自分が成長してからのち、その手本に従《したが》った家庭づくりをしていこうとします。それほど、両親の影響力《えいきょうりょく》というものは大きいのです。

そのため、子供が社会に巣立《すだ》ったとき、まともな家庭生活を営《いとな》めないような傾向性《けいこうせい》が出てきたならば、おそらくは、その両親に問題があったと考えられます。

さらに、きょうだいの関係も大事です。

子供は、「親の愛が、きょうだいのなかで、どのように分配されるか」ということを常《つね》に見ています。きょうだいのなかでも、親から特別に愛される者と、それほど愛を受けられない者とが出てきます。ここで、やがて実社会で味わうであろうことと似《に》た問題を経験《けいけん》します。

すなわち、「ある振《ふ》る舞《ま》い方をすると両親に愛されるが、別の振る舞い方をすると愛されない。そして、両親に気に入られた者は、末長く、その恩恵《おんけい》に浴することができるが、両親から嫌《きら》われた者は、何かにつけて文句《もんく》を言われる」という経験をするのです。

これによって、実は、実社会に出てからの、「上役、上司に目をかけられる者と、そうでない者の差」というものを、子供時代に学習することになるわけです。

子供《こども》の成長にとって
最も大切なのは、
父母が調和していることです。

23 仕事能力《のうりょく》とプライベートの不《ふ》思《し》議《ぎ》な関係

交渉《こうしょう》べたに悩《なや》む人は、私生活《しせいかつ》に自信がないことがよくあります。

たとえば、「妻《つま》とうまくいっていなくて、毎日、夫婦《ふうふ》げんかが絶《た》えない」「家庭に病人がいる」「子供《こども》が、いつまでたっても大学に受からない」など、何か悩み事がある人は、それが、どうしても外見に表れ、交渉において粘《ねば》り腰《ごし》をつくれない原因《げんいん》の一つとなって

いるのです。

「公《こう》」と「私《し》」は別なものではありますが、「私」の部分が弱いと、どうしても「公」のほうに響《ひび》いてくるものなので、「どうすれば、プライベートな悩みをいち早く解決《かいけつ》できるか」ということを考えなくてはなりません。

「自分の家で家庭内暴力《ぼうりょく》が起きているのに、営業《えいぎょう》マンとしてバリバリと仕事ができる」ということは、おそらくないでしょう。

家庭の悩みは仕事に影響《えいきょう》してくるものなのです。

このような人は、この際《さい》、思いきって家庭の悩みを解決することが必要です。そうしないと、家庭だけでなく仕事もうまくいかず、その両方が悩みになるので、まず家庭の問題を片《かた》づけることです。

たとえば、夫《おっと》としてやるべきことを土日にきっちり果たすのです。あるいは、ふだんの日も、極力、早く帰って、家の問題を片づけるのです。

このように、自分のプライベートな問題を片づけることが大切です。

交渉《こうしょう》べたな人は、
私生活《しせいかつ》に自信がないことが
よくあります。

24 わが家にともす小さな光の威力《いりょく》

人間は、己《おのれ》の魂《たましい》を磨《みが》いていかなくてはなりません。
その出発点は家庭のなかの大調和です。家庭にユートピアをつくることです。

子供《こども》たちと共に、素晴《すば》らしい世の中の建設《けんせつ》のために生きていくことは、小さく見えるかもしれませんが、実は大きな大きな力と

なるのです。「進んでいる」と言われる国の人々のように、家庭を乱《みだ》し、社会を混乱《こんらん》に陥《おとしい》れてはなりません。

みなさんは、家庭の調和をしっかりと守っていってください。これが人生学校のなかの大きな部分であることを、決して忘《わす》れてはなりません。

信じ合い、調和した家庭をつくるなかに、大きな光が出てきます。そういう家庭を「光の出城《でじろ》」といいます。この光の出城をつくるのです。ここから出発していくのです。

男女調和の道、家庭調和の道、家庭ユートピアの道から始まっていくものこそ、ほんとうに世界を救っていく力となるのです。

そして、光に溢《あふ》れた家庭を日本国中につくっていくことこそが、幸福の科学の仕事でもあるのです。

色とりどりの花が咲《さ》き誇《ほこ》っている光景を、みなさんは「素晴らしい」と思うでしょう。私《わたし》もそう思います。「花一輪よりも素晴らしい」と思います。「そのような、光溢れる家庭に満ちた国こそ、理想国家である」と私は信ずるものです。

まず、「家庭のなかを光に満たす」ということから始めてください。みなさんの家庭が、理想的な、光に満ちたものとなれば、それは隣人《りんじん》にも友人にも広がります。当たり前のことです。

どうか、このことを忘れないでください。

家庭にユートピアをつくることは、
世界を救っていく力となります。

25 〝幸せ家庭〟はあなたの優《やさ》しさから

私《わたし》は、みなさんに、そう難《むずか》しいことをお願いしようとは思いません。私が、みなさんに、かくあってほしいと思うことは、「常《つね》に優《やさ》しき人となれ」ということです。

仕事のなかに埋没《まいぼつ》しているときにも、家庭のなかで苦しんでいるときにも、私は、みなさんに、この言葉を思い起こしてほしいのです。「常に優しき人となれ」という言葉を──。

みなさんも、いつか必ず地上を去っていきます。何年か何十年かのちには、必ず地上を去ることになるのです。

その、地上を去るときの気持ちが、みなさんには分かるでしょうか。

それは、ちょうど、地上を離《はな》れて、天空にかかる星となるような気持ちです。地上からはるかに離れていって星の一つとなるような気持ちがするのです。

地上をはるかに離れ、何百メートル、何千メートルと高い所に昇《のぼ》っていくにつれて、この地球が小さく見えてきます。

かつて自分が遊んだ広場、自分が住んだ家、友人たち、いろいろな人たちの思い出が、遠くに小さく小さくかすんでいきます。

森や川や山、そうしたものが、かすんで見えてくるのです。

こうしたときに、みなさんが思うことは、「ああ、もっと多くの人に優しく接《せっ》していればよかった」ということなのです。

そういう瞬間《しゅんかん》が、みなさんに必ず訪《おとず》れることを、私は予言しておきます。

そのときに、みなさんは、「懐《なつ》かしい人々に、一つでも多くの愛を与《あた》えることができたならば、一つでも多くの優しい言葉を与えることができたならば、どれほどよかったか」と思うのです。

「常に優しき人となれ」――その言葉を心のうちに繰《く》り返しながら生きていくときに、みなさんは、この地上を去る瞬間のことを脳裏《のうり》に描《えが》いているのです。

人間は、母の胎内《たいない》に宿り、この地上に生まれ、幾《いく》十年かを生き

ます。その間《かん》に、さまざまなドラマを経験《けいけん》し、やがて地上を去って還《かえ》っていきます。

地上という世界は、ひとときの思い出です。あの修学《しゅうがく》旅行のように、あの楽しかった学校生活のように、ひとときの思い出であり、ひとときのメルヘンでもあります。

みなさんは、そうした、つかのまの人生を地上で生きているのです。

そうであるのに、何ゆえに、それほどまでにギスギスとした生き方をするのですか。何ゆえに、それほどまでに厳《きび》しい人生を生きるのですか。何ゆえに、それほどまでに他人《たにん》に対して厳しく接するのですか。

やがて去っていく世界であるならば、できるだけ優しい思い出を残していこうではありませんか。

自分が人にそうされたいがごとく、他《た》の人にも優しくあろうではありませんか。


人間にとって、いちばんうれしい瞬間は、人から優しくされた瞬間ではないでしょうか。人から優しくしてもらった瞬間ではないでしょうか。

さすれば、自分もまた、常に優しき人となろうではありませんか。自分が人にそうされたいがごとく、自分もまた人に接しようではありませんか。常に優しき人として、生きていこうではありませんか。

この世のなかのギスギスした感じ、からっ風が吹《ふ》き抜《ぬ》けていく感じをなくすには、人に対して優しすぎるぐらいでよいのです。

自分が人にそうされたいがごとく、

他《た》の人に優《やさ》しくありましょう。

あたたかい家庭をつくる言葉

1

人に優《やさ》しくしてもらう方法は、自分が優しくなることです。

（『運命の発見』31～34ページ）

2

愛し合い、誓《ちか》い合ったときのことを思い返しましょう。

（『限りなく優しくあれ』90～92ページ）

3

魂的《たましいてき》に、ある程度《ていど》、親和性《しんわせい》がなければ、子供《こども》として生まれてくることはできません。

（『人生の発見』82～83ページ）

4

子供《こども》時代に受けた心の傷《きず》が、
別なかたちで展開《てんかい》することがあります。
（『幸福の法』141～145ページ）

5

自分が潜在意識《せんざいいしき》（心の奥底《おくそこ》）で
何を考えているのかを知りましょう。
（『幸福へのヒント』65～68ページ）

6

長所と付き合えば悪人はいません。
（『幸福のつかみ方』93～96ページ）

7

相手を悪く言う場合は、
自分の能力自慢《のうりょくじまん》であることが多いのです。
（『希望の法』160～163ページ）

8

相手の話をよく聴《き》いてあげるだけで解決《かいけつ》する問題は、たくさんあります。

(『幸福へのヒント』215〜218ページ)

9

「どうすれば夫《おっと》が自分をかわいく思うか」ということを考えてみましょう。

(『「幸福になれない」症候群』152〜156ページ)

10

夫《おっと》が、どれほど素晴《すば》らしいか、〝信仰《しんこう》〟を始めることです。

(『人生の発見』71〜73ページ)

11

自分も人にあげるほう、お返しをするほうを考えましょう。

（『幸福の法』151〜153ページ）

12

激《はげ》しい言葉が出そうになったら、深呼吸《しんこきゅう》をして、数を数えてみましょう。

（『理想国家日本の条件』148〜150ページ）

13

なるべくお金のかからない、懐《なつ》かしい趣味《しゅみ》や遊びを、再《ふたた》び実践《じっせん》してみましょう。

（『幸福へのヒント』78〜80ページ）

14

勉強をすると、頭のなかが若返《わかがえ》り、シャープになります。

（『復活の法』137〜140ページ）

15

子供《こども》の価値観《かちかん》は、親にとっては意外なところにある場合があります。

（『「幸福になれない」症候群』191〜193ページ）

16

とりもちのような愛で子供《こども》を縛《しば》っていませんか？

（『幸福へのヒント』131〜132ページ）

17

熟年離婚《じゅくねんりこん》の危機《きき》を防《ふせ》ぐには、戦略的《せんりゃくてき》な考え方が必要です。

（『幸福へのヒント』94～102ページ）

18

自分自身のためにも、人を許《ゆる》さなければいけません。

（『大悟の法』118～120ページ）

19

男性の自尊心《じそんしん》は、皮一枚《まい》であっても、どこかに残しておかないといけません。

（『理想国家日本の条件』183～189ページ）

20

お金の問題は、入るお金と出るお金、〝紙一枚《まい》〟の問題です。

（『幸福へのヒント』23～28ページ）

21

他人《ひと》の心は支配《しはい》できないけれども、自分の心は百パーセント支配できます。

（『理想国家日本の条件』151～152ページ）

22

子供《こども》の成長にとって最も大切なのは、父母が調和していることです。

（『限りなく優しくあれ』209～212ページ）

23

交渉《こうしょう》べたな人は、私生活《しせいかつ》に自信がないことがよくあります。

（『「幸福になれない」症候群』217～219ページ）

24

家庭にユートピアをつくることは、世界を救っていく力となります。

（『限りなく優しくあれ』42～46ページ）

25

自分が人にそうされたいがごとく、他《た》の人に優《やさ》しくありましょう。

（『愛の原点』210～214ページ）

あとがき

「あたたかい家庭、幸せのアイデア25」と銘《めい》打った本書、いかがだったでしょうか。一つでも、二つでも、参考になるヒントが見つかれば幸いです。

人間は霊的存在《れいてきそんざい》で、この世からあの世へと移行《いこう》していきますが、人生の幸福の前提部分《ぜんていぶぶん》が家庭生活です。家庭生活が円満であれば、そう簡単《かんたん》に地獄《じごく》などに赴《おもむ》くものではありません。

家庭の幸福という土台《どだい》を固《かた》めてこそ、職業上の成功が一層の幸福へと花開いていきます。難しいことではありますが、努力してみる価値はあります。

やさしい言葉でつづられた本書は、悟りへの一転語《いってんご》に満ちています。「考え方を変えることで、人生は変わる」ということを信じて下さい。「ティータイムの一杯の紅茶を飲む間に、あなたの人生を変える」、それが本書のテーマです。お便りお待ちしています。

二〇〇七年　五月

幸福《こうふく》の科学《かがく》グループ創始者《そうししゃ》兼《けん》総裁《そうさい》

大川隆法《おおかわりゅうほう》

お便りは、左記、
幸福の科学出版株式会社宛てにお願いいたします。

ティータイム
――あたたかい家庭、幸せのアイデア25――

2007年5月27日　初版第1刷
2020年9月27日　　　第7刷

著　者　大《おお》川《かわ》隆《りゅう》法《ほう》

発行所　幸福の科学出版株式会社
〒107-0052 東京都港区赤坂2丁目10番8号
TEL(03)5573-7700
https://www.irhpress.co.jp/

印刷・製本　株式会社冨山房インターナショナル印刷部

落丁・乱丁本はおとりかえいたします

ISBN978-4-87688-569-5 C0030
装丁© 幸福の科学

大川隆法ベストセラーズ 真実の愛とは何か

コーヒー・ブレイク

幸せを呼び込む27の知恵

心を軽くする考え方、幸せな結婚、家族の幸福、人間関係の改善などについて、ハッとするヒントを集めた、ワン・ポイント説法集。

1,200円

愛の原点

優しさの美学とは何か

この地上を優しさに満ちた人間で埋め尽くしたい——。いちばん大切な教えである愛の教えを、限りなく純粋に語った書。

1,500円

限りなく優しくあれ

愛の大河の中で

愛こそが、幸福の卵である。霊的視点から、男女の結婚、家庭のあり方や、愛の具体化の方法が、日常生活に即して語られる。

1,500円

※表示価格は本体価格(税別)です。

大川隆法ベストセラーズ **幸福な人生へ**

幸福へのヒント

光り輝く家庭をつくるには

家庭の幸福にかかわる具体的なテーマについて、人生の指針を明快に示した、珠玉の質疑応答集。著者、自選、自薦、自信の一書。

1,500円

「幸福になれない」症候群

グッドバイ ネクラ人生

自分ではそうと知らずに不幸を愛している——。こうした人々を28の症例に分け、幸福への処方箋を詳細に説いた"運命改善講座"。

1,500円

人生の迷いに対処する法

幸福を選択する4つのヒント

「結婚」「職場の人間関係」「身体的コンプレックス」「親子の葛藤」など、人生の悩みを解決して、自分も成長していくための４つのヒント。

1,500円

大川隆法ベストセラーズ　人生を拓く智慧

大悟の法

常に仏陀と共に歩め

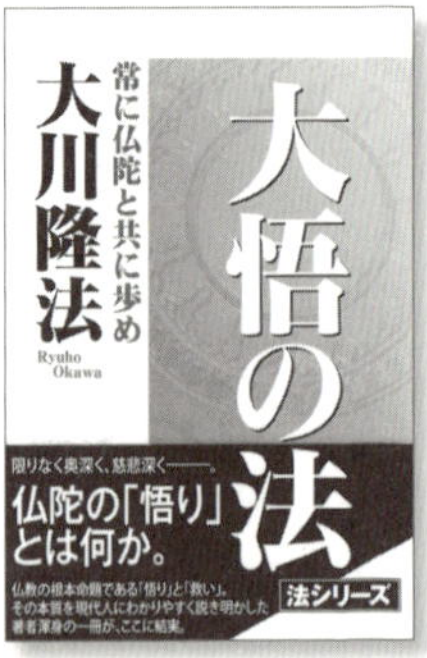

「悟りと許し」の本論に斬り込んだ、著者渾身の一冊。分かりやすく現代的に説かれた教えは人生の疑問への結論に満ち満ちている。

2,000円

人生の発見

説法自由自在①

人生の諸問題に対し、著者が当《とう》意《い》即《そく》妙《みょう》にアドバイスしたQ＆A集。「愛あふれる家庭」「現代的職業観」など、分かりやすく人生の指針が示される。

1,194円

不動心

人生の苦難を乗り越える法

本物の自信をつけ、偉大なる人格を築くための手引書。蓄積の原理、苦悩との対決法など、人生に安定感をもたらす心得が語られる。

1,700円

※表示価格は本体価格（税別）です。

大川隆法ベストセラーズ 成功への道

常勝の法

人生の勝負に勝つ成功法則

人生全般にわたる成功の法則や、不況をチャンスに変える方法など、あらゆる勝負の局面で勝ち続けるための兵法を明かす。

1,800円

希望の法

光は、ここにある

希望実現の法則、鬱《うつ》からの脱出法、常勝の理論などを説き、すべての人の手に幸福と成功をもたらす、勇気と智慧と光に満ちた書。

1,800円

幸福の法

人間を幸福にする四つの原理

真っ向から、幸福の科学入門を目指した基本法。愛・知・反省・発展の「幸福の原理」について、初心者にも分かりやすく説かれる。

1,800円

幸福の科学出版

大川隆法ベストセラーズ 成功への道

成功の法

真のエリートを目指して

愛なき成功者は、真の意味の成功者ではない。個人と組織の普遍の成功法則を示し、現代人への導きの光となる、勇気と希望の書。

1,800円

仕事と愛

スーパーエリートの条件

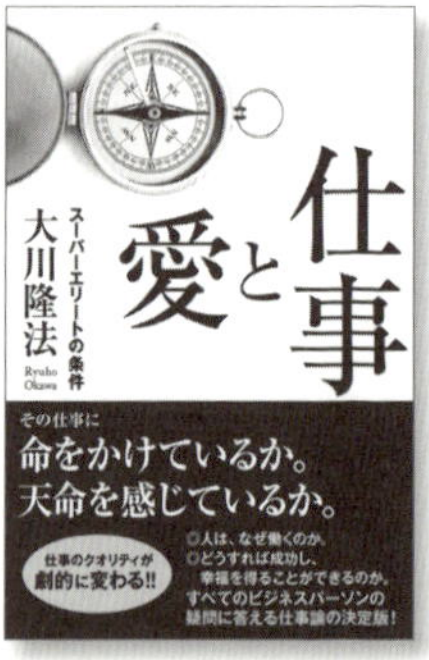

仕事と愛の関系、時間を生かす方法、真のエリートの条件──。仕事の本質と、具体的な方法論が解き明かされるビジネスマン必携の書。

1,800円

常勝思考

人生に敗北などないのだ。

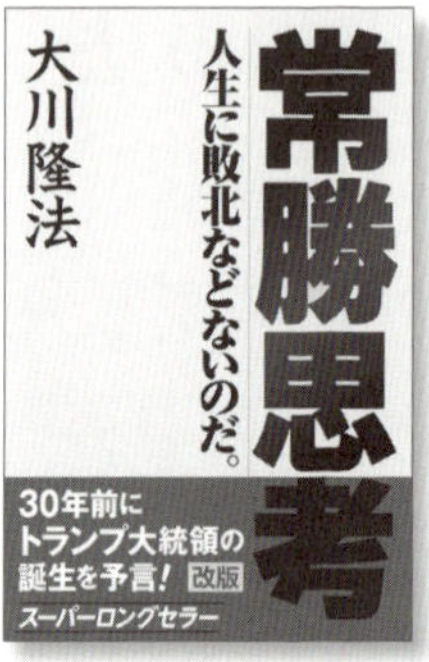

あらゆる困難を成長の糧とする常勝思考の持ち主にとって、人生はまさにチャンスの連続である。人生に勝利するための必読書。30年前にトランプ大統領の誕生を予言！

1,456円

※表示価格は本体価格（税別）です。

大川隆法ベストセラーズ 霊的世界の真実

永遠の法

エル・カンターレの世界観

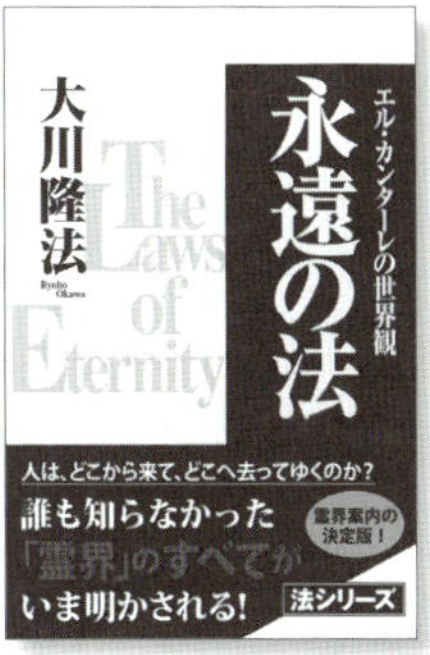

すべての人が死後に旅立つ、あの世の世界。天国と地獄をはじめ、その様子を明確に解き明かした、霊界ガイドブックの決定版。

2,000円

神秘の法

次元の壁を超えて

この世とあの世を貫く秘密を解き明かし、あなたに限界突破の力を与える書。この真実を知ったとき、底知れぬパワーが湧いてくる!

1,800円

霊界散歩

めくるめく新世界へ

人は死後、あの世でどんな生活を送るのか。霊界の情景をリアルに描写し、従来の霊界のイメージを明るく一新する一冊。

1,500円

幸福の科学　入会のご案内

あなたも、ほんとうの幸福を見つけてみませんか？

幸福の科学では、大川隆法総裁が説く仏法真理をもとに、「どうすれば幸福になれるのか、また、他の人を幸福にできるのか」を学び、実践しています。

入会

大川隆法総裁の教えを信じ、学ぼうとする方なら、どなたでも入会できます。入会された方には、『入会版「正心法語」』が授与されます。（入会の奉納は1,000円目安です）

ネット入会　入会ご希望の方はネットからも入会できます。
happy-science.jp/joinus

三帰《さんき》誓願《せいがん》

仏弟子としてさらに信仰を深めたい方は、仏・法・僧の三宝への帰依を誓う「三帰誓願式」を受けることができます。三帰誓願者には、『仏説・正心法語』『祈願文①』『祈願文②』『エル・カンターレへの祈り』が授与されます。

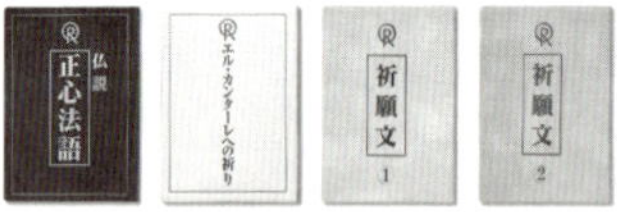

植福《しょくふく》の会

植福は、ユートピア建設のために、自分の富を差し出す尊い布施の行為です。布施の機会として、毎月1口1,000円からお申込みいただける、「植福の会」がございます。

ご希望の方には、幸福の科学の小冊子（毎月1回）をお送りいたします。詳しくは、下記の電話番号までお問い合わせください。

月刊「幸福の科学」　ザ・伝道　ヤング・ブッダ　ヘルメス・エンゼルズ　What's 幸福の科学

INFORMATION

幸福の科学サービスセンター TEL.03-5793-1727
（受付時間 火～金:10～20時／土・日・祝日:10～18時〔月曜を除く〕）

幸福の科学 公式サイト
happy-science.jp